दुर्योधन कब मिट पाया :
भाग : 3

अजय अमिताभ सुमन

महाभारत के खलनायक दुर्योधन को

क्रम-सूची

प्रस्तावना

मैं , अजय अमिताभ सुमन, अधिवक्ता, कवि, लेखक और ब्लॉगर।दिल्ली के कैंपस लॉ सेंटर विश्वविद्यालय से कानून में स्नातक, बौद्धिक संपदा अधिकार से संबंधित मामलों में दिल्ली उच्च न्यायालय में मुकदमेबाजी का बीस साल का अनुभव। वकील होने के नाते, मुझे किताबें पढ़ने और कानूनी लेख, ब्लॉग आदि लिखने की आदत है। इसके अलावा मुझे कविताएँ, लेख, कहानियाँ लिखना पसंद है जो विशेष रूप से मानव समझ, भगवान, धर्म, दर्शन, सामाजिक सुधार आदि के मुद्दे को संबोधित करते हैं। मेरे कानूनी लेख, ब्लॉग, कहानियाँ, समाचार लेख, कविताएँ आदि पेटेंट और ट्रेड मार्क केस, लाइव लॉ, बार एंड बेंच, लीगलसर्विस इंडिया, लॉयर्सक्लब इंडिया, लीगल डिजायर, टाइम्स ऑफ इंडिया, नवभारत टाइम्स, अमर उजाला, दैनिक जागरण, यूथ की आवाज, स्पीकिंग ट्री, साहित्य कुंज, प्रतिलिपि, साहित्य दर्पण, पोएम हंटर, हैलो पोएट्री, आल पोएट्री आदि में प्रकाशित हुए हैं।

भूमिका

मृग मरीचिका की तरह होता है झूठ। माया के आवरण में छिपा हुआ होता है सत्य। जल तो होता नहीं, मात्र जल की प्रतीति हीं होती है। आप जल के जितने करीब जाने की कोशिश करते हैं, जल की प्रतीति उतनी हीं दूर चली जाती है। सत्य की जानकारी सत्य के पास जाने से कतई नहीं, परंतु दृष्टिकोण के बदलने से होता है। मृग मरीचिका जैसी कोई चीज होती तो नहीं फिर भी होती तो है। माया जैसी कोई चीज होती तो नहीं, पर होती तो है। और सारा का सारा ये मन का खेल है। अगर मृग मरीचिका है तो उसका निदान भी है। महत्वपूर्ण बात ये है कि कौन सी घटना एक व्यक्ति के आगे पड़े हुए भ्रम के जाल को हटा पाती है । प्रश्न ये था की दुर्योधन की आंखों के सामने छैई हुई भ्रम को आखिर हटा जाए तो कैसे?प्रश्न ये था की कृवर्मा और कृपाचार्य की आंखों के सामने छैई हुई भ्रम को आखिर हटा जाए तो कैसे?

1. अध्याय 23

मृग मरीचिका की तरह होता है झूठ। माया के आवरण में छिपा हुआ होता है सत्य। जल तो होता नहीं, मात्र जल की प्रतीति हीं होती है। आप जल के जितने करीब जाने की कोशिश करते हैं, जल की प्रतीति उतनी हीं दूर चली जाती है। सत्य की जानकारी सत्य के पास जाने से कतई नहीं, परंतु दृष्टिकोण के बदलने से होता है। मृग मरीचिका जैसी कोई चीज होती तो नहीं फिर भी होती तो है। माया जैसी कोई चीज होती तो नहीं, पर होती तो है। और सारा का सारा ये मन का खेल है। अगर मृग मरीचिका है तो उसका निदान भी है। महत्वपूर्ण बात ये है कि कौन सी घटना एक व्यक्ति के आगे पड़े हुए भ्रम के जाल को हटा पाती है?प्रश्न ये था की कृवर्मा और कृपाचार्य की आंखों के सामने छैई हुई भ्रम को आखिर हटा जाए तो कैसे?

कुछ हीं क्षण में ज्ञात हुआ
सारे संशय छँट जाते थे,

जो भी धुँआ पड़ा हुआ
सब नयनों से हट जाते थे।

नाहक हीं दुर्योधन मैंने
तुमपे ना विश्वास किया।

द्रोणपुत्र ने मित्रधर्म का
सार्थक एक प्रयास किया।

हाँ प्रयास वो किंचित ऐसा
ना सपने में कर पाते,

जो उस नर में दृष्टिगोचित
साहस संचय कर पाते।

बुद्धि प्रज्ञा कुंद पड़ी थी
हम दुविधा में थे मजबूर,

ऐसा दृश्य दिखा नयनों के
आगे दोनों हुए विमूढ़।

गुरु द्रोण का पुत्र प्रदर्शित
अद्भुत तांडव करता था,

धनुर्विद्या में दक्ष पार्थ के
दृश पांडव हीं दिखता था।

हम जो सोच नहीं सकते थे
उसने एक प्रयास किया ,

बुद्धि प्रज्ञा कुंद पड़ी थी
महाकाल को हर लेने का

अजय अमिताभ सुमन

खुद पे था विश्वास किया।

कैसे कैसे अस्त्र पड़े थे
उस उद्भट की बाँहों में ,

तरकश में जो शस्त्र पड़े
सब परिलक्षित निगाहों में।

उग्र धनुष पर वाण चढ़ाकर
और उठा हाथों तलवार,

मृगशावक एक बढ़ा चला था
एक सिंह पे करने वार।

क्या देखते ताल थोक कर
लड़ने का साहस करता,

महाकाल से अश्वत्थामा
अदभुत दु:साहस करता?

हे दुर्योधन विकट विघ्न को
ऐसे हीं ना पार किया ,

था तो उसके कुछ तोअन्दर
महा देव पर वार किया ।

पितृप्रशिक्षण का प्रतिफल

आज सभीदिखाया उसने,

अश्वत्थामा महाकाल पर
कंटक वाण चलाया उसने।

शत्रु वंश का सर्व संहर्ता
अरिदल जिससे अनजाना,

हम तीनों में द्रोण पुत्र तब
सर्व श्रेष्ठ हैं ये माना।

अजय अमिताभ सुमन:
सर्वाधिकार सुरक्षित

2. अध्याय 24

मानव को ये तो ज्ञात है हीं कि शारीरिक रूप से सिंह से लड़ना , पहाड़ को अपने छोटे छोटे कदमों से पार करने की कोशिश करना आदि उसके लिए लगभग असंभव हीं है। फिर भी यदि परिस्थियाँ उसको ऐसी हीं मुश्किलों का सामना करने के लिए मजबूर कर दे तो क्या हो? कम से कम मुसीबतों की गंभीरता के बारे में जानकारी होनी तो चाहिए हीं। कम से कम इतना तो पता होना हीं चाहिए कि आखिर बाधा है किस तरह की? कृतवर्मा दुर्योधन को आगे बताते हैं कि नियति ने अश्वत्थामा और उन दोनों योद्धाओ को महादेव शिव जी के समक्ष ला कर खड़ा कर दिया था। पर क्या उन तीनों को इस बात का स्पष्ट अंदेशा था कि नियति ने उनके सामने किस तरह की परीक्षा पूर्व निश्चित कर रखी थी? क्या अश्वत्थामा और उन दोनों योद्धाओं को अपने मार्ग में आन पड़ी बाधा की भीषणता के बारे में वास्तविक जानकारी थी? आइए देखते हैं इस दीर्घ कविता "दुर्योधन कब मिट पाया" के चौबीसवें भाग में।

क्या तीव्र था अस्त्र आमंत्रण
शस्त्र दीप्ति थी क्या उत्साह,

जैसे बरस रहा गिरिधर पर
तीव्र नीर लिए जलद प्रवाह।

राजपुत्र दुर्योधन सच में
इस योद्धा को जाना हमने,

क्या इसने दु:साध्य रचे थे
उस दिन हीं पहचाना हमने।
लक्ष्य असंभव दिखता किन्तु
निज वचन के फलितार्थ,

स्वप्नमय था लड़ना शिव से
द्रोण पुत्र ने किया यथार्थ।

जाने कैसे शस्त्र प्रकटित कर
क्षण में धार लगाता था,

शिक्षण उसको प्राप्त हुआ था
कैसा ये दिखलाता था।
पर जो वाण चलाता सारे
शिव में हीं खो जाते थे,

जितने भी आयुध जगाए
क्षण में सब सो जाते थे।

निडर रहो पर निज प्रज्ञा का
थोड़ा सा तो ज्ञान रहे ,

शक्ति सही है साधन का

पर थोड़ा तो संज्ञान रहे।
शिव पुरुष हैं महा काल क्या
इसमें भी संदेह भला ,

जिनके गर्दन विषधर माला
और माथे पे चाँद फला।

भीष्म पितामह माता जिनके
सर से झरझर बहती है,

उज्जवल पावन गंगा जिन
मस्तक को धोती रहती है।
आशुतोष हो तुष्ट अगर तो
पत्थर को पर्वत करते,

और अगर हो रुष्ट पहर जो
वासी गणपर्वत रहते।

खेल खेल में बलशाली जो
भी आते हो जाते धूल,

महाकाल के हो समक्ष जो
मिट जाते होते निर्मूल।
क्या सागर क्या नदिया चंदा
सूरज जो हरते अंधियारे,

कृपा आकांक्षी महादेव के

जगमग जग करते जो तारे।

ऐसे शिव से लड़ने भिड़ने के
शायद वो काबिल ना था,

जैसा भी था द्रोण पुत्र पर
कायर में वो शामिल ना था।
अजय अमिताभ सुमन :
सर्वाधिकार सुरक्षित

3. अध्याय 25

हिमालय पर्वत के बारे में सुनकर या पढ़कर उसके बारे में जानकरी प्राप्त करना एक बात है और हिमालय पर्वत के हिम आच्छादित तुंग शिखर पर चढ़कर साक्षात अनुभूति करना और बात । शिवजी की असीमित शक्ति के बारे में अश्वत्थामा ने सुन तो रखा था परंतु उनकी ताकत का प्रत्यक्ष अनुभव तब हुआ जब उसने जो भी अस्त्र शिव जी पर चलाये सारे के सारे उनमें ही विलुप्त हो गए। ये बात उसकी समझ मे आ हीं गई थी कि महादेव से पार पाना असम्भव था। अब मुद्दा ये था कि इस बात की प्रतीति होने के बाद क्या हो?

किससे लड़ने चला द्रोण पुत्र
थोड़ा तो था अंदेशा,

तन पे भस्म विभूति जिनके
मृत्युमूर्त रूप संदेशा।

कृपिपुत्र को मालूम तो था
मृत्युंजय गणपतिधारी,

वामदेव विरुपाक्ष भूत पति
विष्णु वल्लभ त्रिपुरारी।
चिर वैरागी योगनिष्ठ हिमशैल
कैलाश के निवासी,

हाथों में रुद्राक्ष की माला
महाकाल है अविनाशी।

डमरूधारी के डम डम पर
सृष्टि का व्यवहार फले,

और कृपा हो इनकी जीवन
नैया भव के पार चले।
सृष्टि रचयिता सकल जीव
प्राणी जंतु के सर्वेश्वर,

प्रभु राम की बाधा हरकर
कहलाये थे रामेश्वर।

तन पे मृग का चर्म चढाते
भूतों के हैं नाथ कहाते,

चंद्र सुशोभित मस्तक
पर जो पर्वत ध्यान लगाते।
जिनकी सोच के हीं कारण
गोचित ये संसार फला,

त्रिनेत्र जग जाए जब भी
तांडव का व्यापार फला।

अमृत मंथन में कंठों को

विष का पान कराए थे,

तभी देवों के देव महादेव
नीलकंठ कहलाए थे।
वो पर्वत पर रहने वाले
हैं सिद्धेश्वर सुखकर्ता,

किंतु दुष्टों के मान हरण
करते रहते जीवन हर्ता।

त्रिभुवनपति त्रिनेत्री त्रिशूल
सुशोभित जिनके हाथ,

काल मुठ्ठी में धरते जो
प्रातिपक्ष खड़े थे गौरीनाथ।
हो समक्ष सागर तब लड़कर
रहना ना उपाय भला,

लहरों के संग जो बहता है
होता ना निरुपाय भला।

महाकाल से यूँ भिड़ने का
ना कोई भी अर्थ रहा,

प्राप्त हुआ था ये अनुभव
शिव से लड़ना व्यर्थ रहा।
अजय अमिताभ सुमन:

सर्वाधिकार सुरक्षित

4. अध्याय 26

विपरीत परिस्थितियों में एक पुरुष का किंकर्तव्यविमूढ़ होना एक समान्य बात है । मानव यदि चित्तोन्मुख होकर समाधान की ओर अग्रसर हो तो राह दिखाई पड़ हीं जाती है। जब अश्वत्थामा को इस बात की प्रतीति हुई कि शिव जी अपराजेय है, तब हताश तो वो भी हुए थे। परंतु इन भीषण परिस्थितियों में उन्होंने हार नहीं मानी और अंतर मन में झाँका तो निज चित द्वारा सुझाए गए मार्ग पर समाधान दृष्टि गोचित होने लगा ।

शिव शम्भू का दर्शन जब हम
तीनों को साक्षात हुआ?
आगे कहने लगे द्रोण के
पुत्र हमें तब ज्ञात हुआ,
महा देव ना ऐसे थे जो
रुक जाएं हम तीनों से,
वो सूरज क्या छुप सकते थे
हम तीन मात्र नगीनों से?
ज्ञात हमें जो कुछ भी था
हो सकता था उपाय भला,
चला लिए थे सब शिव पर
पर मसला निरुपाय फला।
ज्ञात हुआ जो कर्म किये थे
उसमें बस अभिमान रहा,
नर की शक्ति के बाहर

हैं महा देव तब भान रहा।
अग्नि रूप देदिव्यमान
दृष्टित पशुपति से थी ज्वाला,
मैं कृतवर्मा कृपाचार्य के
सन्मुख था यम का प्याला।
हिमपति से लड़ना क्या था
कीट दृश जल मरना था ,
नहीं राह कोई दृष्टि गोचित
क्या लड़ना अड़ना था?
मुझे कदापि क्षोभ नहीं था
शिव के हाथों मरने का,
पर एक चिंता सता रही थी
प्रण पूर्ण ना करने का।
जो भी वचन दिया था मैंने
उसको पूर्ण कराऊँ कैसे?
महादेव प्रति पक्ष अड़े थे
उनसे प्राण बचाऊँ कैसे?
विचलित मन कम्पित बाहर से
ध्यान हटा न पाता था,
हताशा का बादल छलिया
प्रकट कभी छुप जाता था।
निज का भान रहा ना मुझको
कि सोचूं कुछ अंदर भी ,
उत्तर भीतर छुपा हुआ है
झांकूँ चित समंदर भी।
कृपाचार्य ने पर रुक कर
जो थोड़ा ज्ञान कराया ,

निजचित्त का अवबोध हुआ
दुविधा का भान कराया।
युद्ध छिड़े थे जो मन में
निज चित ने मुक्ति दिलाई ,
विकट विघ्न था पर निस्तारण
हेतु युक्ति सुझाई।
अजय अमिताभ सुमन:
सर्वाधिकार सुरक्षित

5. अध्याय 27

शिवजी के समक्ष हताश अश्वत्थामा को उसके चित ने जब बल के स्थान पर स्वविवेक के प्रति जागरूक होने के लिए प्रोत्साहित किया, तब अश्वत्थामा में नई ऊर्जा का संचार हुआ और उसने शिव जी समक्ष बल के स्थान पर अपनी बुद्धि के इस्तेमाल का निश्चय किया ।

एक प्रत्यक्षण महाकाल का

और भयाकुल ये व्यवहार?

मेघ गहन तम घोर घनेरे

चित में क्योंकर है स्वीकार ?

जीत हार आते जाते पर

जीवन कब रुकता रहता है?

एक जीत भी क्षण को हीं

हार कहाँ भी टिक रहता है?

जीवन पथ की राहों पर

घनघोर तूफ़ां जब भी आते हैं,

गहन हताशा के अंधियारे

मानस पट पर छा जाते हैं।

इतिवृत के मुख्य पृष्ठ पर

वो अध्याय बना पाते हैं ,

कंटक राहों से होकर जो

निज व्यवसाय चला पाते हैं।

अभी धरा पर घायल हो पर

लक्ष्य प्रबल अनजान नहीं,

विजयअग्नि की शिखाशांत है
पर तुम हो नाकाम नहीं।
दृष्टि के मात्र आवर्तन से
सूक्ष्म विघ्न भी बढ़ जाती है,
स्वविवेक अभिज्ञान करो
कैसी भी बाधा हो जाती है।
जिस नदिया की नौका जाके
नदिया के ना धार बहे ,
उस नौका का बचना मुश्किल
कोई भी पतवार रहे?
जिन्हें चाह है इस जीवन में
ईक्छित एक उजाले की,
उन राहों पे स्वागत करते
शूल जनित पग छाले भी।
पैरों की पीड़ा छालों का
संज्ञान अति आवश्यक है,
साहस श्रेयकर बिना ज्ञान के
पर अभ्यास निरर्थक है।
व्यवधान आते रहते हैं पर
परित्राण जरूरी है,
द्वंद्व कष्ट से मुक्ति कैसे
मन का त्राण जरूरी है?
लड़कर वांछित प्राप्त नहीं
तो अभिप्राय इतना हीं है ,
अन्य मार्ग संधान आवश्यक
तुच्छप्राय कितना हीं है।
सोचो देखो क्या मिलता है

नाहक शिव से लड़ने में ,
किंचित अब उपाय बचा है
मैं तजकर शिव हरने में।
अजय अमिताभ सुमन:
सर्वाधिकार सुरक्षित

6. अध्याय 28

जब अश्वत्थामा ने अपने अंतर्मन की सलाह मान बाहुबल
के स्थान पर स्वविवेक के उपयोग करने का निश्चय
किया, उसको महादेव के सुलभ तुष्ट होने की प्रवृत्ति का
भान तत्क्षण हीं हो गया। तो क्या अश्वत्थामा अहंकार भाव
वशीभूत होकर हीं इस तथ्य के प्रति अबतक उदासीन रहा
था?
तीव्र वेग से वह्निन आती
क्या तुम तनकर रहते हो?
तो भूतेश से अश्वत्थामा
क्यों ठनकर यूँ रहते हो?
क्यों युक्ति ऐसे रचते जिससे
अति दुष्कर होता ध्येय,
तुम तो ऐसे नहीं हो योद्धा
रुद्र दीप्ति ना जिसको ज़ेय?
जो विपक्ष को आन खड़े है
तुम भैरव निज पक्ष करो।
और कर्म ना धृष्ट फला कर
शिव जी को निष्पक्ष करो।
निष्प्रयोजन लड़कर इनसे
लक्ष्य रुष्ट क्यों करते हो?
विरुपाक्ष भोले शंकर भी
तुष्ट नहीं क्यों करते हो?
और विदित हो तुझको योद्धा

तुम भी तो हो कैलाशी,
रूद्रपति का अंश है तुझमे
तुम अनश्वर अविनाशी।
ध्यान करो जो अशुतोष हैं
हर्षित होते अति सत्वर,
वो तेरे चित्त को उत्कंठित
दान नहीं क्यों करते वर?
जय मार्ग पर विचलित होना
मंजिल का अवसान नहीं,
वक्त पड़े तो झुक जाने में
ना खोता स्वाभिमान कहीं।
अभिप्राय अभी पृथक दृष्ट जो
तुम ना इससे घबड़ाओ,
महादेव परितुष्ट करो
और मनचाहा तुम वर पाओ।
तब निज अंतर मन की बातों को
सच में मैंने पहचाना ,
स्वविवेक में दीप्ति कैसी
उस दिन हीं तत्क्षण ये जाना।
निज बुद्धि प्रतिरुद्ध अड़ा था
स्व बाहु अभिमान रहा,
पर अब जाकर शिवशम्भू की
शक्ति का परिज्ञान हुआ।
अजय अमिताभ सुमनः
सर्वाधिकार सुरक्षित

7. अध्याय 29

महाकाल क्रुद्ध होने पर कामदेव को भस्म करने में एक
क्षण भी नहीं लगाते तो वहीं पर तुष्ट होने पर भस्मासुर
को ऐसा वर प्रदान कर देते हैं जिस कारण उनको अपनी
जान बचाने के लिए भागना भी पड़ा। ऐसे महादेव के
समक्ष अश्वत्थामा सोच विचार में तल्लीन था।

कभी बद्ध प्रारब्ध काम ने
जो शिव पे आघात किया,
भस्म हुआ क्षण में जलकर
क्रोध क्षोभ हीं प्राप्त किया।
अन्य गुण भी ज्ञात हुए शिव
हैं भोले अभिज्ञान हुआ,
आशुतोष भी क्यों कहलाते हैं
इसका प्रतिज्ञान हुआ।
भान हुआ था शिव शंकर हैं
आदि ज्ञान के विज्ञाता,
वेदादि गुढ़ गहन ध्यान और
अगम शास्त्र के व्याख्याता।
एक मुख से बहती जिनके
वेदों की अविकल धारा,
नाथों के है नाथ तंत्र और मंत्र
आदि अधिपति सारा।
सुर दानव में भेद नहीं है
या कोई पशु या नर नारी,

भस्मासुर की कथा ज्ञात वर
उनकी कैसी बनी लाचारी।
उनसे हीं आशीष प्राप्त कर
कैसा वो व्यवहार किया?
पशुपतिनाथ को उनके हीं
वर से कैसे प्रहार किया?
कथ्य सत्य ये कटु तथ्य था
अतिशीघ्र तुष्ट हो जाते है
जन्मों का जो फल होता
शिव से क्षण में मिल जाते है।
पर उस रात्रि एक पहर
क्या पल भी हमपे भारी था,
कालिरात्रि थी तिमिर घनेरा
काल नहीं हितकारी था।
विदित हुआ जब महाकाल से
अड़कर ना कुछ पाएंगे,
अशुतोष हैं महादेव उनपे
अब शीश नवाएँगे।
बिना वर को प्राप्त किये
अपना अभियान ना पूरा था,
यही सोच कर कर्म रचाना
था अभिध्यान अधुरा था।
अजय अमिताभ सुमनः
सर्वाधिकार सुरक्षित

8. अध्याय 30

अश्वत्थामा दुर्योधन को आगे बताता है कि शिव जी के
जल्दी प्रसन्न होने की प्रवृति का भान होने पर वो उनको
प्रसन्न करने को अग्रसर हुआ । परंतु प्रयास करने के लिए
मात्र रात्रि भर का हीं समय बचा हुआ था। अब प्रश्न ये था
कि इतने अल्प समय में शिवजी को प्रसन्न किया जाए
भी तो कैसे?
वक्त नहीं था चिरकाल तक
टिककर एक प्रयास करूँ ,

शिलाधिस्त हो तृणालंबितलक्ष्य
सिद्ध उपवास करूँ।
एक पाद का दृढ़ालंबन
ना कल्पों हो सकता था ,

नहीं सहस्त्रों साल शैल वासी
होना हो सकता था।

ना सुयोग था ऐसा अर्जुन
जैसा मैं पुरुषार्थ रचाता,

भक्ति को हीं साध्य बनाके
मैं कोई निजस्वार्थ फलाता।

अतिअल्प था काल शेष
किसी ज्ञानी को कैसे लाता?

मंत्रोच्चारित यज्ञ रचाकर
मन चाहा वर को पाता?

इधर क्षितिज पे दिनकर दृष्टित
उधर शत्रु की बाहों में,
अस्त्र शस्त्र प्रचंड अति
होते प्रकटित निगाहों में।

निज बाहू गांडीव पार्थ धर
सज्जित होकर आ जाता,

निश्चिय हीं पौरुष परिलक्षित
लज्जित करके हीं जाता।

भीमनकुल उद्भट योद्धा का
भी कुछ कम था नाम नहीं,

धर्म राज और सहदेव से था
कतिपय अनजान नहीं।

एक रात्रि हीं पहर बची थी
उसी पहर का रोना था ,

शिवजी से वरदान प्राप्त कर
निष्कंटक पथ होना था।

अगर रात्रि से पहले मैने
महाकाल ना तुष्ट किया,

वचन नहीं पूरा होने को
समझो बस अवयुष्ट किया।

महादेव को उस हीं पल में
मन का मर्म बताना था,

जो कुछ भी करना था मुझको
क्षणमें कर्म रचाना था।

अजय अमिताभ सुमन:
सर्वाधिकार सुरक्षित

9. अध्याय 31

जिद चाहे सही हो या गलत यदि उसमें अश्वत्थामा जैसा समर्पण हो तो उसे पूर्ण होने से कोई रोक नहीं सकता, यहाँ तक कि महादेव भी नहीं। जब पांडव पक्ष के बचे हुए योद्धाओं की रक्षा कर रहे जटाधर को अश्वत्थामा ने यज्ञाग्नि में अपना सिर काटकर हवनकुंड में अर्पित कर दिया तब उनको भी अश्वत्थामा के हठ के आगे झुकना पड़ा और पांडव पक्ष के बाकी बचे हुए योद्धाओं को अश्वत्थामा के हाथों मृत्यु प्राप्त करने के लिए छोड़ देना पड़ा ।

क्या यत्न करता उस क्षण जब
युक्ति समझ नहीं आती थी,
त्रिकाग्निकाल से निज प्रज्ञा
मुक्ति का मार्ग दिखाती थी।
अकिलेश्वर को हरना दुश्कर
कार्य जटिल ना साध्य कहीं,
जटिल राह थी कठिन लक्ष्य था
मार्ग अति दू:साध्य कहीं।
अतिशय साहस संबल संचय
करके भीषण लक्ष्य किया,
प्रण धरकर ये निश्चय लेकर
निजमस्तक हव भक्ष्य किया।
अति वेदना थी तन में निज
मस्तक अग्नि धरने में ,

पर निज प्रण अपूर्णित करके
भी क्या रखा लड़ने में?
जो उद्भट निज प्रण का
किंचित ना जीवन में मान रखे,
उस योद्धा का जीवन रण में
कोई क्या सम्मान रखे?
या अहन्त्य को हरना था या
शिव के हाथों मरना था,
या शिशार्पण यज्ञअग्नि को
मृत्यु आलिंगन करना था?
हठ मेरा वो सही गलत क्या
इसका मुझको ज्ञान नहीं,
कपर्दिन को जिद मेरी थी
कैसी पर था भान कहीं।
हवन कुंड में जलने की पीड़ा
सह कर वर प्राप्त किया,
मंजिल से बाधा हट जाने का
सुअवसर प्राप्त किया।
त्रिपुरान्तक के हट जाने से
लक्ष्य प्रबल आसान हुआ,
भीषण बाधा परिलक्षित थी
निश्चय हीं अवसान हुआ।
गणादिप का संबल पा था
यही समय कुछ करने का,
या पांडवजन को मृत्यु देने
या उनसे लड़ मरने का।
अजय अमिताभ सुमन:

सर्वाधिकार सुरक्षित

10. अध्याय 32

इस क्षणभंगुर संसार में जो नर निज पराक्रम की गाथा रच
जन मानस के पटल पर अपनी अमिट छाप छोड़ जाता है
उसी का जीवन सफल होता है। अश्वत्थामा का अद्भुत
पराक्रम देखकर कृतवर्मा और कृपाचार्य भी मरने मारने का
निश्चय लेकर आगे बढ़ चले।

कुछ क्षण पहले शंकित था
मन ना दृष्टित थी कोई आशा ,
द्रोणपुत्र के पुरुषार्थ से हुआ
तिरोहित खौफ निराशा ।
या मर जाये या मारे चित्त में
कर के ये दृढ निश्चय,
शत्रु शिविर को हुए अग्रसर
हार फले कि या हो जय।
याद किये फिर अरिसिंधु में
मर के जो अशेष रहा,
वो नर हीं विशेष रहा हाँ
वो नर हीं विशेष रहा ।
कि शत्रुसलिला में जिस नर के
हाथों में तलवार रहे ,
या क्षय की हो दृढ प्रतीति
परिलक्षित संहार बहे।
वो मानव जो झुके नहीं
कतिपय निश्चित एक हार में,

डग योद्धा का डिगे नहीं
अरि के भीषण प्रहार में।
ज्ञात मनुज के चित्त में किंचित
सर्वगर्भा का ओज बहे ,
अभिज्ञान रहे निज कृत्यों का
कर्तव्यों की हीं खोज रहे।
अकम्पत्व का हीं तन पे
मन पे धारण पोशाक हो ,
रण डाकिनी के रक्त मज्जा
खेल का मश्शाक हो।
क्षण का हीं तो मन है
ये क्षण को हीं टिका हुआ,
और तन का क्या मिट्टी का
मिट्टी में मिटा हुआ।
पर हार का वरण भी करके
जो रहा अवशेष है,
जिस वीर के वीरत्व का
जन में स्मृति शेष है।
सुवाड़वाग्नि सिंधु में नर
मर के भी अशेष है,
जीवन वही विशेष है
मानव वही विशेष है।
अजय अमिताभ सुमन:
सर्वाधिकार सुरक्षित

11. अध्याय 33

अश्रेयकर लक्ष्य संधान हेतु क्रियाशील हुए व्यक्ति को अगर सहयोगियों का साथ मिल जाता है तब उचित या अनुचित का द्वंद्व क्षीण हो जाता है। अश्वत्थामा दुर्योधन को आगे बताता है कि कृतवर्मा और कृपाचार्य का साथ मिल जाने के कारण उसका मनोबल बढ़ गया और वो पूरे जोश के साथ लक्ष्यसिद्धि हेतु अग्रसर हो चला।

कृपाचार्य कृतवर्मा सहचर
मुझको फिर क्या होता भय,
जिसे प्राप्त हो वरदहस्त शिव
का उसकी हीं होती जय।
त्रास नहीं था मन मे किंचित
निज तन मन व प्राण का,
पर चिंता एक सता रही
पुरुषार्थ त्वरित अभियान का।
धर्माधर्म की बात नहीं न्यूनांश
ना मुझको दिखता था,
रिपु मुंड के अतिरिक्त ना
ध्येय अक्षि में टिकता था।
ना सिंह भांति निश्चित हीं
किसी एक श्रृगाल की भाँति,
घात लगा हम किये प्रतीक्षा
रात्रिपहर व्याल की भाँति।
कटु सत्य है दिन में लड़कर

ना इनको हर सकता था,
भला एक हीं अश्वत्थामा
युद्ध कहाँ लड़ सकता था?
जब तन्द्रा में सारे थे छिप कर
निज अस्त्र उठाया मैंने ,
निहत्थों पर चुनचुन कर हीं
घातक शस्त्र चलाया मैंने।
दुश्कर,दुर्लभ,दूभर,मुश्किल
कर्म रचा जो बतलाता हूँ ,
ना चित्त में अफ़सोस बचा ना
रहा ताप ना पछताता हूँ।
तन मन पे भारी रहा बोझ
अब हल्का हल्का लगता है,
आप्त हुआ है व्रण चित का ना
आज हृदय में फलता है।
जो सैनिक योद्धा बचे हुए थे
उनके प्राण प्रहारक हूँ ,
शिखंडी का शीश विक्षेपक
धृष्टद्युम्न संहारक हूँ।
जो पितृवध से दबा हुआ जीता
था कल तक रुष्ट हुआ,
गाजर मुली सादृश्य काट
आज अश्वत्थामा तुष्ट हुआ।
अजय अमिताभ सुमनः
सर्वाधिकार सुरक्षित